SHOOT DE SLAM

FSC
www.fsc.org
MIXTE
Papier issu
de sources
responsables
Paper from
responsible sources
FSC® C105338

Édition : BoD – Books on Demand, info@bod.fr

Impression : BoD – Books on Demand, In de Tarpen 42,

Norderstedt (Allemagne)

Impression à la demande

ISBN : 978-2-3223-7506-6

Dépôt légal : Août 2022

SHOOT DE SLAM

INTRODUCTION

Et s'il me parlait l'encre…Sans repos ni entrave qui s'enfouie.

Sans plus de tiraillement pour le passé…Trouble du silence comme un abcès trouver les mots pour ne trouver que résonnance. Tout comme l'eau vive charriée du voyage, le son de l'expérience qui revient chaque fois …Nous rappeler… De cet esprit mise en miroir sa beauté.

Le slam

Souvent sous quelques larmes…D'eau vive…De joie j'espère. Je poétise après tant d'année le songe ravivant l'ébats incognito de cet abandon que reflète tes sentiments… égaré obscène où seul le papier se noircit pour droper dans mes verbiages cette rougeur au joug de ta bienséance.

Est-ce qu'on ne nous dit pas assez je t'aime ; de nos instants solennels, juste l'espace pour accomplir nos rêves, le cœur ouvert après tout.

Le silence à présent d'or dans mes lettres, je découvrais une odyssée dans les ombres … celles qui s'aventurerait dans la sagesse et le silence pour honorer la chaleur naissante de chaque coin ombragé ; dans l'univers se dessinait les flancs d'un destin, des différences et des connivences. Crépite alors la chaleur qui qui par constance donne étape vers cette incroyable aventure, que constituent des souvenirs et des textes.

Qui pour un amour inventa le charme du devenir ; pour m'en sortir je le fais rayonner en lettres.

Au milieu de cette nuit, ton désir en étoile me rappelle.

Un firmament casque les étoiles… Je craque… vingt et une cigarettes, jour, années, compta d'un bougre qui sait que sa vie est contée pour échoir des impressions noires et grisées. Mes lignes, des notes amoureusement déversées, la musique en espoir, scotche d'un ou deux vers la trempe du papier, le souvenir qui va se marquer en miroir, de sanguinolente à bouche bée.

De ce rêve que tu m'as amené dignement à résoudre sous la cloque de ces mots.

Le charme des estimes y scintille… seul fait qui me donne à notre style une pénitences indignées sous ton ciel.

Le piège éclairant ces hanches, marche et se referme sur mon regard malhabile, qui déshabille ton soi-disant, mon soit dit en passant, le déhanchement de mon sourire, le pouvoir du souvenir, le déboitement sur ton épaule.

Versatile, à claquer mes artères, me piquant à l'overdose de toutes ses roses qui ne s'offre plus.

Je me pique à chaque fois dans ton échappée céleste, consumé à la couleur divine frappant mes tempes en sueur… brève, anodine éternité que nous fumes.

Rêve et expérience se traduisent dans un profond ensemble, aimant à soi-même le temps chimérique dans un aboutissement alchimique. Celle qui se nomme Désir habille le plomb de ma ligne retrouvant le fil d'un regard envoutant ; qui transforme l'eau en vin, l'or en argent, le sort en envoutement agit aussi bien comme une magie en enchantement. Suffirait-il d'y croire pour se retrouver à l'ombre des gloires, comme enfanter le firmament pour le nouveau jour le plus étincelant.

Astral est notre connaissance quand magnétique et animal sont nos gênes, revenant aux entrailles d'un ciel conceptualisant toute intentions. Et que c'est désirs par ton existence ; et ton souvenir ne fait plus la terre glaise, mais le souffle d'un paradis substantiel … et que ton jour se lève.

Seul et unique constance, la prévenance de ton trésor caché qui au fond, se confond dans le labyrinthe de ma prose envolé ; lame qui traverse ces lignes, pour encore écrire et devenir.

Alors je slame

LA REVISION

Pour parler franchement, tu n'avais qu'à fuir, pour comprendre et reconnaitre tourment. Menacer de survivre, plus que tout je m'y suis fait… Comment pour moi, éveillé par ce sentiment qui n'avait qu'à se taire…

Je n'avais qu'à dire, serais se le contraire ; inaccessible virage

J'ai retourné ton sol en froissant le papier, et suis revenu à la terre, la difficulté de voir se penchant qu'elle tourne aussi un peu de travers et qu'un oiseau se brule les poumons et les ailes à la fraicheur de l'hiver. Et qu'il suffit d'un seul soleil pour que le voyage l'habite

Soleil, noir, vert, brillant, sanguinaire, frère et devant moi j'ai reconnu le désir courant les champs, les jupes de firmament, les crie d'un nouveau devenir et la joie bien cachée au fond dans le désir.

En accoutumance à la fusion et la réaction, sort du partage… Et que ma solitude n'avoue plus son âge, tu n'es plus là le sentiment sans partage…Sans foi ni loi, je t'ai appris et dompter derrière ton outrage.

Pour moi, l'idée de renaitre en ces pages n'est pas fatalité, elle louange d'une ombre aussi grande que mon courage.

« Pour mon meilleur et pour mon pire »

Après avoir fait dans le magistral des sentiments intimes dans leurs mâles, se sont exprimés motivant des pages un goût et une spécialité au courage.

J'ai compris que ce qui nous est caché s'agite comme un levier, appréhension et appréciation sont nos épées pour un prochain rayon de soleil levé de nos présences en mouvance éveillées.

Je donne suite à nos sentiments, l'essais à nos fioles d'humeur assistant pour peu que la confiance se rend aux ailes des émotions se partageant.

Qu'il faille, en cette situation bousculant nos états moraux, la lettre et le caractère titubant nos repères aussitôt ; cette phrase domino qui établira les préceptes en écho de la projection de nos rêves et idéaux.

Qualité que l'expérience à valeur nous devise.

De ses actes et écrit adviendront la prochaine église chérissant la remise d'un sentiment assertif. Par intentions, ferveur et compassion, ils se fond outils de procession ; tympans frappés à cette passion sous une ultime poésie qui nous rendra raison. J'ai son intuition comme un manteaux pour me protéger et vivre à me porter vers le haut.

« Procession »

Sans repos j'ai voté pour la vie belle ; je ne suis pas las des habitudes comme ces gens qui désespèrent.

Avec mon cric, casser sur le vent du sud, j'irai créer notre souffle, la superbe.

Qui dérive, qui nous hante

Sur une moto à la James Dean

Derrière le spleen, j'ai pris une tente

Et je file au vent telle une étoile filante

Dans la toile trouer de mon jean

Alors je me conduis

Avec mes mots savants, parfois les gens me trouvent sur d'autre latitude ; ainsi va cette bascule et se châssis calibrer tes certitudes.

Synapse mise au vert pour une rime, à priori tes sympathiques.

Je ne me freine plus, une fois mis au pluriel, la priorité grille tes archétypes.

J'irai chercher la fève de tes vœux et je te lègue mon cœur, ma perle dans l'échange de nos yeux.

Je t'offrirais le sucre, d'ores et déjà je te dévore à expérimenter le délicieux et fileront ensemble les heures à voir la vie en bleu.

Qui dérive, qui se vante

Sur une moto à la James Dean

J'ai prié mon spleen, j'ai pris une tente

Et je file le vent en étoile filante

Avec mon jeans troué je me régale

On ira sur la plage dépuceler des mots en carapaces et découvrir d'infini paysage et couleurs qui se carapatent.

On passera sur les places aux détours d'un sommet où pyramident les gens heureux. J'irai passer le pont d'Avignon déclarer ma flamme en poésie …

A faire le disco à la Boétie !

Qui dérive, qui nous hante

Sur une moto à la James Dean

J'ai prié mon spleen, j'ai pris une tente

Et je file au vent parmi les étoiles filantes

De ma toile trouée en couplet Imagine

« On the road aware »

ATMOSPHERE

Son lit de sable, à écrire avec ou sans effort, les sons se chevauchent et gambadent. Comme quand je me réveille et ressuscite la volonté d'être ce que je veux ;

Et par ce temps qui m'est charmé, s'émoussent alors les songes qui me poussent à dire peut-être, peut-être pas, et les secousses me chaloupent, m'emmènent vers quelques trépas qui s'insurgent.

Puisqu'il est tard pour dire trop tard, que des lendemains se perdent dans des miroirs, combien faut-il de vœux pour faire face à leurs déboires ? Comment je peux et pourquoi cette expérience est-elle si rare.... Où sont les regards pour apprendre ce qu'est l'espoir.

C'est sirupeux, cela ne vient pas et bien tant mieux… seulement si je pouvais comprendre où les rêves vont et se défont. A se défoncer près de ces yeux de lumière qui m'observent, que je nomme confiance, audace au sein de tous les hémisphères… qui se trouve là sans plus y croire… qu'un peu de toi qui songe l'heureux en ma mémoire…

« Sans plus y croire »

La vague ressac, comme le tambourin d'un cœur à l'aguet ; et sous la vague du temps roucoule un secret. Avec eux, le souffle et le vent, j'ai ce qu'il faut pour faire un lit où me dorloter. Mes doigts glissent comme l'écume sur une vague inassouvie.

A force, j'ai élagué les grains de sables aux relents insomniaques, qui ne peuvent s'éloigner de l'océan de peur de s'évaser dans une flaque. Je polis ainsi les coquillages de mon âme, le ressenti de ce trésor incomparable ; revenu des profondeurs sacrées.
A l'oreille, ces coquillages me parlent de liberté.
De leurs histoires embrasées, ces fêlures qu'amplifient les sons passés.
De son ouverture et sa confiance, nappé et exposé du soleil au vent, qu'en lui s'est formée la brillance aussi fine que le silence des cieux véhéments.

Cette vague tour à tour m'emmène et me reprend, à jamais à l'écoute d'une profonde tolérance, qui se déchaine et ne prend que rarement des vacances. Mon être réalise depuis ce qui coûte de se laisser bercer au temps présent.

Et la vie soudain te gâte d'un seul geste qui se dissout dans mon reflet d'Agathe.

Faisant mouvements des froids bas-fonds pour une chaleur en surface ; me laissant au devenir d'un tsunami d'émotions, je me déchaine à ce que personne ne me terrasse, à y poser le don fluide et consistant de mes écritures. Sur la planète bleue, je revendique toute aventure.

« Vague et coquillage »

Ces aspirations me surmènent, tellement on ne s'est pas vu. Elle et moi concentrés en peur et reproches qui gravitent pour se mettre à nu.

Je les entends valser, le tempo et moi ne sommes plus en accord ; à vrai dire elle est déjà passée sur toute la longueur de mon corps.

Et en quatrième vitesse le film de cet acte éperdu secoue mes pensées en liesse ; je fais la pause pour qu'elle-même ne soit pas perdue…

Je lui fais des loops et entrechat juste pour la fée d'un poème, qu'elle se sente ainsi protégée par quelqu'un qui la comprenne. Qu'elle me pardonne si je n'étais pas assez bon pour qu'elle me dise je t'aime.

Car c'est bien là le problème ; on ne lui a appris que la performance face au dilemme ; et lui dire pardon c'est un acte qui n'a jamais été fait pour elle.

Pardon ma petite fée, pardon, je t'aime.

Je me suis pris la tête et retourné toutes ces pensées, cela vaut-il la peine, jusqu'à valser avec toi mon cœur à cette idée se révèle. Au-delà d'un fait nous avions la force et l'intention la plus belle, qu'un jour nous saurons nous dire je t'aime…

« Confession »

Trop d'actes à venir qui plongent dans les nuages et pleurent de ne pas pouvoir toucher la lune et son illumination. Je forge cette posture, les cratères de mes emprises et croyances dessinent ses traces pâles où je voyage entre deux dimensions.

Dis-moi ma grande, la forme a-t-elle touché le fond... laisse toi prendre en mon destin et sort la tête du guidon. Je m'endors, je me transforme, je vis mes rêves à fond _ au-dessus des églises c'est moi qui sonne les songes des petites filles et petits garçons... Pour seule éloge, tu réaliseras que les étoiles sont aussi le toit de ta maison, alors autorise moi à rêver !

Je prends mes traverses oniriques jusqu'à la partition des nuages et de leurs rites pour que pleuve ma force de réalisation... Et mes rêves ne sombrent plus, plus de fatigue, le somnambulisme n'est plus. En cette trêve repose le futur de cette lune qui me sourit à profusion. J'étais et je reste une partie de la terre où tu confieras les plus belles intentions ; car mon rêve c'est toi et je prends en chemin les sentiers et ta main, ce soir tu es mon pygmalion

« Conter le rêve »

Voilà 10-20 et 30 ans que j'ai appris à
m'exprimer sur le sentiment qui m'habitait
Mal fagoter dans ces virages et ces tournants
A m'habiller de désir et de tourment

A la rengaine, s'enivrer et puis se laisser
Au vent, je m'abime, je croise ta route et puis je
me reprends, je t'invite et te gonfle la rétine,
goute la joie ou son triste relent ;
L'alarme est la même pour qui se déguise
d'espoir troublé.

Le coude se lève
Le cœur se serre
Ça m'arrache la gueule
Mais faut s'y faire

Aux souvenirs, à-coup d'aile et d'envergure, les
bras ballant mes élans pour se rappeler que je
tiens bien le vers pour sa douce morsure …
Se remémorer de ne pas confondre son
présent… son passé
Mais sous l'alcool du souvenir plus qu'un
minot qui se sent partir

Qui palpite et se resserre
A force de retenir les leçons d'hier

Le coude se lève
Le cœur se serre
Ça m'arrache la gueule
Mais faut s'y faire

Se raffiner du coup de grisous
Autour d'un vers, malléable
Comme à l'usine, comme dans un trou
Et ça tangue, ça fait mal

Ça ne paye pas de mine de tout refaire en écrit
Et je coure, et je braille dans l'eau claire, de la
vie
Je me lève, je me sers à m'arracher la gueule
Et pour se faire je me dis que je ne suis pas seul

« Dégrisement »

Comme un ange de la cathédrale qui s'est enfui, vouant en mon sein la volonté et le pardon à tout prix …

Tous les cauchemars et nombre de rêves se sont inscrits dans mon récit quand d'un seul coup survint la jalousie ; la concurrence est l'oubli…

De ma personne j'ai un cœur qui lui a bien appris.

Face au mesquin, je suis son diable et en mot je suis ses ailes qui couvent son petit. Mais dis-toi qu'il n'y a pas de mal quand la curée du bonheur te souffle mon vent de liberté, j'attrape ton cœur dans le tourbillon de la fierté.

J'taille dans le brut ma diction du politiquement correct

Se retrouvant au rang d'eunuque… Pour produire l'unique et sans insulte… Ça claque dans les neurones et sans lutte… Turbinant dans l'alchimie de mon luth.

Je suis ton Gainsbarg

Fumé, chamboulé la tête dans les arts,

Tu me retrouves sur le podium ici au soleil, à luxer le triomphe d'un regard pour que s'exprime la conception de merveilles !

Et le typhon d'une vie, délicate essence qui au jour nous réunit.

En ses penchants qui se déhanchent, à l'amoureuse qui se balance, au fond des jambes et des cadences... Je retrouve la nuit, détroussant les toujours.
Et ces crayons de maux qui t'ont mis en ennemie ne s'exprimera ici que de sa voix jolie.

Celle qui dit que frères et sœurs s'éclatent de joie, sur les mots qui ne trompent que ceux qui n'auront pas compris que dans mes grincements et mes folies, swing la symphonie de la vie.
Car je fends le vent et le voyage érudit apprend sur moi le courage et l'envie ; crois-moi, le vent m'est appris, d'ailleurs, il se prend encore mes éclairs et gouttes de pluie...
Le souvenir m'est fleuri alors je te prends en France, dont la sève et le champ te nourrissent, j'y suis et tu es l'éblouie. Quand apparait le destin je t'aperçois dans les fonds et reliefs des départ insoumis et met des rougeurs à ce visage, à tes festivités entrainer par le rythme et les couleurs dans mon paradis.
Je t'emmène en confidence à la fabrique de la crème des crèmes, d'une symphonie à rendre

bouffi l'appétit ; te rendre compte que le prolixe n'est que mince affaire, n'est rien sans ta danse et je ne resterai pas déconfit.

Je t'emmène, il n'y a que ça à faire quand grandit dans tes yeux ce récital de corps exquis.

Sur la terre il y a ce charme, mes racines sont bien éprises. Il y a cette voix comme une arme qui ne sera jamais poussière quoi qu'il advienne. C'est l'art qui désarme et t'apprend à être fier.

Entends, c'est une prière, j'ai tellement gravi les ombres que maintenant peu importe la peine qui vocifère. Elle ne sera pas à la mesure de l'espoir, faut s'y faire. A force j'ai ouvert le chapitre suprême, je vole dans mes aubaines et du bagne je ne serai plus le phénomène.

« La Force »

Histoire qui se rapiate, qui s'entête

Des doigts fins comme une marionnette

Chapeau bas pour accueillir une piécette

Tantôt espiègle, parfois de disette

La vie d'artiste est de ce mariage

Conte sage d'une vie dans les nuages

De son couvre-chef ça vous sort un beau lapin

Omettant faim qui pour lui est son gagne-pain

Au pifomètre au fond de son terrier

Fameux tours de carte, libéré, délivré

Comptant jamais les heures, heureux décompte

À se ronger les fils pour un alexandrin

Ainsi alla passer douce et heureuse

Alice, lissé au pays des merveilleux

Où Louis la brocanta pour une rime, feu

« Tadda »

J'ai tant de mots, des notes en bascule se bousculent comme des enclumes ; mais cela me rend rêveur…

C'est mot sont moi, une fois envolés, c'est léger, ça se déplace _ un sourire facilité qui se plante et reprend sa place dans le feu et l'étreinte.

Derrière les aspérités, c'est la féminité, grâce qui ne reste jamais éteinte ; les sens brûlent et bullent dans l'atmosphère ; aérienne et sublime, sent à la fois mon plein à oublier le vide, à transcender le livide.

Comme si j'étais un éphémère et ses ailes qui poétisent, qui inspirent le bleu du ciel, tel le rapide et l'éclair qui pétillent, brillant comme filant des étoiles et des vœux. Je n'accuse qu'au moindre fait des ailes à tous moments ouverts sur le merveilleux, peut-être pour que chacun se sente heureux je vole, je souffle, je trace, j'emprunte à mes mots les rayons de soleil…

Chaleur te rappelle, la terre te porte, l'émerveillement s'ouvre et s'accordent les oiseaux à mes notes, tu n'es plus sourd.

« Atmosphère »

Ces messages du ciel, comme des mésanges…
Quand leurs chants te surprennent_ pas de mélancolie, à pas de velours l'intonation rend ton intuition certaine ; et à pas de loup prend le pas sur les territoires d'Eden.
Confronter sans mauvaises définitions, elle s'ouvre et t'emmène ; dans l'action, dans la compréhension, ou t'échappe à un dilemme_ et te dis aime
Toi qui écoutes toi qui crois de plus en plus… cette beauté superbe, étoile-la, ne t'étiole pas et rend sa lumière qui te forme des ailes. Congratules-en ces fait, la fée qui t'as rendu une paillette des vérités éternelles. Consacré, le sais-tu qu'en ce temple se cache des trésors inattendus et celui-là était à l'aune d'un secret perdu. Car toi seul sais te retrouver en toi-même… mon aventurier sous l'étoile avant l'avènement d'un soleil. Tu brilles comme ça et tu etincelles.
Autant que tu l'écoutes d'une voix douce et charnelle, comme se reçoit une vague dans l'océan des possibles, soit conscient qu'en toi, rien n'est impossible à ma confiance qui te ramène.

« Messager de l'étoile »

Soutenance, je pèse et batifole notre expérience ; l'énorme potentiel gronde et me prénomme dans sa danse. Frénésie culottée qui jupe ton étonnante démence, cette poésie est le souffle tempête qui te fait refrain à une de tes déhanches.

S'agite ton corps et ton cœur en avalanche, la prime amourette n'est pas celle que l'on rejette de sa substance ; tu étais pourtant bien de celle que l'on agence mais je t'accorde seulement ce vers pour que l'on s'en balance. Au rythme du lendemain, tu réalises que nos pieds touchaient à peine terre, depuis que le rideau de mon phrasé a effacé tes cris d'hier. Je ne fais que m'étonner face à ce choix de cendrillon quand je me rends compte que je ne savais même pas ton prénom. J'admire de trouver un poil de raison dans une soupière qui se dit princesse sans reconnaitre qu'il y a erreur sur la définition. Heureux, je me suis sauvé comme le héros qui ne revendique pas ses manifestations. Le plus étonnant c'est que j'ai passé un moment à goûter ce court bouillon, alors sans être trop sévère je voulais que tu fasses le bilan de notre soirée passée en trait d'union…

« Vers en trop »

Dans un rythme quantique, je chante, en éclipsant n'importe quel mégalo, sans plus de salive, j'agite le combo des mots et je me jette à l'eau pour que résonne le fantastique avec ma clique et ton déclic prosterner devant ce flow. Je suis le lover des mots et leur entreprise. Dans cette trame, peu de chance que tu me rivalise, entre deux mots, le moindre mal, c'est de savoir que tu peux déjà boucler tes valises…et trémolos…

La vocalise ce fait chaleur in extenso tandis que pieds et poings liés, tu cherches encore ma définition dans le dico.

« Mot à mots »

Ça baigne, ça claque et ça décolle _ je me réveille avec un rêve dans les pognes.

Qu'elle se pousse, que ça mousse, l'effervescence en fait détonne ; comme le déclic dans les yeux de ma patronne :

« Faudrait vous habiller à la mesure de votre forme »

Je lui dis madame, tel l'amour l'acte vous rhabille et mon style vous laisse toujours baba tant il t'étonne !

Et sans grief, ce sont au-delà des normes que la blonde aux lèvres je tamponne des lettres, tandis qu'elle me fait des yeux de lionne, tandis que mes merveilles la papillonnent.

Je t'expose bien au-delà des aubes… de cette musique… au fond du tiroir magique de ta mémoire soudain m'esquisse et mon texte t'assomme, dans le désir ton précipice se retrouve empli tellement je donne…

« BonuX »

Mon cœur en efficience, me propulse de nouvelle vaillance, sans réfléchir qu'il est au beau milieu d'une danse.

Solaire, il s'applique, se bat dans sa cadence _ un renouveau ; ça pulse l'espérance sans jouer au pédalo ; Dans l'éloquence, dans le plus haut désir il parle de moi entre ses silences, et fait taire un peu mon égo.

C'est au plus fort dans les artères de mon cerveau qu'il démantèle son jus de sirocco ; ça siffle quand j'y pense, j'entends sa voix et son tempo et ça me lance jusqu'à transcender mes idéaux.

Je le nourris, je l'esquisse même à l'anglaise, au désirable et j'en confesse, s'il me claque dans les doigts, a cappella je serai allé au bout d'une vie happiness.

« Cœur égo »

Il n'y a pas de recette, pourquoi toi le regret est tu venu te mettre en mémoire jusqu'à en perdre la tête. Je suinte l'intention depuis pour que ton joug s'arrête. Confondre à travers l'être qui n'a eu ni sourire, ni larme qui s'affrète. Coup sur coup, ta sublimation me fait tourner les mirettes, de celle qui se fermaient sur ton attention_ une absence m'était sa sourde guillotine sur le bouton reset, derrière ton visage figé.

Ça reprend cette histoire engorgée d'arrête comme si dans une mémoire elle ne t'était plus vie. Régurgitant toute cette préparation dans le noir élan qui me plongea dans le paraitre ; car refusant de tel omission à l'oubli.

Tes chances, tes rire, même tes pleurs ne me sont interdits, à l'heure que sonne le regret, je te laisserais t'échapper aux portes du paradis ; je vois sous cloche que tu as été mes larmes, responsable à toi qui s'écrit dans le drame. Pour le meilleur à venir, toi et moi nous sommes partis.

« Regret »

J'en ai marre

De mariner des vers au fil des marées

Que la lune prospère et youp la boum

Lorsque Trainé dans la boue,

Font les scions et cicatrice, tant abimé

J'en ai mare

Du vert et des pas mûres qui devrait gouverner

La faute à voltaire, il aurait dû, ce maître,

Tourner les pages de la poésie des fleurs du
mal

Pour opprimer le spleen à leur featuring
mental

J'en ai marre

Que cette époque a le papier sans plume

Ai immigré les saisons à l'horloge des
passions

Qui ne savent plus si on ondule… ou si Monsieur

fait de sa tentation le prochain capitale qu'on enc..ou rage

J'en marre

Et en attendant la prochaine lunaison

Vogue d'infortune et de compression

groupir, organisé ce chaos, qu'il disait

Semer des arbres sommet d'un papillon

Haut lieu, de la nuit d'un regard borgne

Accroché au sapin l'étoile, plutôt qu'un nid aux cigognes

De mes planches monotones, j'en ai marre

De surfer sur les lacs des espèces disparues, à tous se doit de sortir

Le doigt au parfum d'essence qui nous tue

« Y en a marre »

Le cœur s'emballe

J'avoue que dans mes textes se cache la sommité d'un funky réflexe de social inadapté.

A tous ces mots qui blessent, qui sont des complexés, patiente dans la vitesse pour être décodé, caché au fond de lettre à force d'être frappé sur la sororité en complexe et en perte de liberté.

Gravement ça alerte sur mon odeur de piété, dans l'un de ce vers qui ne restera qu'hébété, circonflexe à la démesure d'aimer …
La vie est curieusement convexe pour t'obliger à t'exprimer sur le fond qui blesse, à guérir ce monde … pour t'accepter.

« Exact »

Mon reflet dans l'étang l'eau comme recette admirable, de mon visage parmi les étoiles. Le flot est d'une assurance impeccable, même mes remous font parties de sa fable.

Le paysage en notre belle prestance devient limpide. On se marmonne le plus beau souffle qui se fait mien ; le tien et celui du soleil s'enveniment de la mer et du temps qui s'offrent simple et divin…

Je vais dans la course du soleil, espérer échapper comme la proie pour l'aigle…

Royal est mon confort dans tes voilages du souffle et du vent de nos sens en mariage.

En couple comme le cheval et ma liberté.

Comme toi, Je ne m'arrêterai pour ainsi dire jamais.

Car l'aventure est trop belle.

« Nature viable »

Je dois lâcher du lest, dans mon phrasé qu'un seul geste, l'amour déboussolé et l'horizon s'en manifeste. J'attire le sans complexe, de mes gênes s'en éparpille l'atome et le chaos d'une ivresse. De mes phrases aléatoires, mes éclairs penchés en foudre le contexte de l'inné, le don s'embarde à ton présent car j'ai maitrisé en sa lumière celle de la voix lactée.

Eclatant les turpitudes d'orages, transmuté dans mon courage aucune barrière ne fait barrage, confiance dans mes bagages, aucuns outrages dans mes étincelles acérer. Je te montre juste à son infinité les clairs horizons à partager, tellement ces rites abondent dans ma voix, tu sens l'étrange de mon sixième sens te pénétrer. Tu réalises soudain le charme que les étoiles racontent partout et par où nous sommes allés, le vent solarisé de mes rayons trace le chemin le plus simple à pratiquer, et tout compte fait les ailes de ta mémoire t'amèneront là où il n'y a plus à paniquer… L'espace est calme, cet air est serein et fier de t'avoir approché, c'était un parfum qui me consumer en sa vérité ; comme la lumière en dedans m'est révélé.

« Atmosphère 2 »

Soit prêt à l'accepter, je suis l'exception qui rend magique ton intention.

Par le combat des mots, j'en suis ton vainqueur ; tu sais bien au fond de toi que ce message ne peut aller plus haut ; je dicte par la profondeur de mon âme le son des anges qui écoute ce récital, je fais même à l'orage la lumière grondante, électrisant l'info dans ton cerveau et ton épithéliale.

Sur fond de l'être, un frétillement s'imprime ; quant à la forme qu'elle puisse paraitre, je crois bien aussi qu'elle te rhabille. Mise en humeur sur ce podium, sens tu cette joie câline… qui attisé la solution l'intérieur de ton cœur ; je suis ici pour t'immiscer en nuit féline culbutant l'intermédiaire de la lettre et sa primeur.

En maitres mots j'ai appris à déjouer tes petites lettres que t'essaye en gigolo, et par l'esthète, tu comprends que je maitrise ce flow.

Un exercice de style en slam, ne comprend pas de grise mine et rythme affable, c'est pourquoi j'en suis ici, et t'inculque encore comment faire comme quand ta mère criait « à table ».

« Exercice »

Et si je m'arrête, qui m'en voudra, qui me dira que la tristesse se délogera.

Dans le prisme d'un mot, elle végète en attendant de faire sa fête, c'est un crédit en silence qui te rachète…

A répétition, j'accueille les joies simples en même temps que l'honneur de cette bête, qui m'apprend et qui me chatouille quand on l'embête.

J'ose la démasquée à travers le focus de ce texte, car au plus elle est seul et plus elle ouvre sa gueule sans conteste. Elle me semble jalouse depuis que mon imaginaire lui à accepter son deuil. Et si je m'arrête qui pourra lui dire que cette duchesse était si bien dans son cercueil.

Telle qu'elle est tu la vois callé dans cet œil en respect tellement elle est grande et forte. Une seule de ses remontrances te suffit pour éprouver le précieux de la voir quitté la porte ; autant que faire se peut, acceptes là et elle s'en ira. Avec le temps ainsi elle ne regrettera pas de t'avoir laissé l'empathie comme peut l'être une vraie amie, tu verras.

« Elle était là »

Je me détache de toutes tes mauvaises manipulations, ça sonne dans ton rendu comme une odeur de mauvais ton.

Je dissipe dans ma diction tes relents qui flottent, tu nages comme moi je dis adieu à la compromission qui te défroque.

Tu flippe que je ne sois pas envieux à ton soul de téquila, j'assiste pourtant ton crawl sur l'océan désireux et te vois galérer comme un chinchilla, nageant derrière ton mode, faisant bugger ta programmation.

Je lave comme le volcan que tu n'es pas, tes éruptions vaporeuses et ton Kilimandjaro est juste aux pieds de ma solution.

Puisque ça brule ta langue de dire merci, je t'égale et te hante pour encore te compter à cette nuit comme un mouton dans mon récit. Mais plus d'excuse, à être assorti du non-dit. Permets-toi ainsi de voir en quoi la voix t'instruit, à te savoir si c'est intéressant…

« Exorciste »

Je cherche les mots au fond noirci d'un tableau. Et même si ce ne sont que des trémolos ; non je ne regrette rien, sinon que tu es oublié ton propre refrain dans ces couleurs.

Qu'est-ce que je fais seul, je me demande bien pour qui ces scoubidous que mon vers esseule feraient du bien.

Ce rythme m'a pris le cœur, serré à l'échauffement d'une école où l'on m'apprend à déloger ton sourire sans trop d'humeur et articuler devant les peurs.

Je ne sais pas ce qui m'a pris, tellement je ressens que mon rêve pleure.

Serais ce une éducation à l'oublie qu'un jour était le bonheur ; alors demande moi pourquoi chercher dans ses aprioris si c'est pour attendre que passe son heure.

Je sais qu'il me vaut mieux m'y prendre, seulement à ses résonnances de sonneur. Je me lève alors sans plus attendre au rythme de son cœur : et le miens, où est-il parti, je te le demande comme un écrit, notaire à ton labeur.

Je me souviens, j'avais que ta chose en tête, sans définir même tes aigreurs. J'en ai pris plein

la fête, emboité les pas tellement cette musique
m'affrète le songe de l'ailleurs. Mais avant que
la musique s'arrête laissons vibrer notre amour
à scratché tes valeurs.

« Phoniculaire »

Je passe la main, rien ne rime à rien… j'ai là l'être dans l'énorme cœur du divin en remonter acide du vers que je tiens.

Franchement, à quoi ça tient, quand nombre d'entre nous ne font que rimer pathétique avec les plats du dur lendemain.

Mauvais jeux de mots mais …

Je reste dans mon assiette en attendant quoi, je me demande bien ; alors je laisse le stylo en filet les heures sous un œil de bœuf ; quand une fois sonné je me réveillerais à point. J'ai faim d'émotion, de sensationnel et de refrain avec ta bouche sur la mienne ; toi mon steak de l'avant-veille.

« Délires en morceaux »

Coule la larme de feu, réveille en moi le volcan qui s'est éteint depuis, qu'en mon cœur il y a toujours ce vœu et cet art qui va de l'avant rien que pour tes yeux.

A voir sourire ces printemps qui se construisent à deux ; le soleil et les étoiles de mes nuits scintillent cette voix pour te reconnaitre parmi eux.

Grondant cet amour qui éclaire et étincelle, je te montre de mes lettres cet aveux… que tout me manque ; que tout ce qui s'invente n'est que l'horizon de ton jour si Dieu le veut.

Et s'il me faut encore la foi, je l'inventerai en me faisant proie.

Tel l'oiseau annonciateur des horizon heureux, je chanterai sous mon toit le temps qu'arrive ces jours radieux.

« L'air d'un vœux »

Un poème décrivant un zanzibar de pensées

Consonnance de lac en lac en votre esprit

D'une jungle prolixe, j'accroche des points liés

Compréhension, séjourneriez-vous ici !?

Or poisseux de mon vocable qui enlace

Feriez-vous élire ma somptueuse liasse

Entremêlant pieds, postérieur et joue grâce

Le salut mélange de cette orthographe

Ou s'évase, s'engouffrant, se casse en douze

De travers aux songes et comme liane douce

Folie précieuse qu'un nœud une rime pousse

De saintes lettres qui à vos yeux s'esbroufent

Ça part comme en quatorze qui veut sa belle

Sa décibel cartouche cherchant sa louche !

Servant de quoi…une langue à la rescousse

Vous exprimez votre chaire et ma touche

De plus s'occupe un curieux devoir, A boire

Sans trop de lol, ce curieux escarre-mouche

Que la lettre à somme de vous apercevoir

Dans le flop et le lit d'un vers à vos trousses

« Alex en drain »

J'avais une certaine idée de bonheur. De mon cœur ces pas alourdis, réveille de palourde encore…

J'use ces notions du moins érudites pour exprimer le labyrinthe dans lequel ça s'écœure ; je conçois miséré la paire haute qu'il me reste à parler de lui car il se trouve si différent de ce que l'on m'inculqua.

Leurs idées à l'eau bouillie dans sa course à l'erreur.

Je nage depuis que son innocence a été en ennemie et j'entends bien la débusquer, la bousculer dans sa cage dorée. Réveiller ces idées… qu'il vole, qu'il me retrouve aussi grand que quand j'étais petit.

J'avais peur au fond qu'il pousse ces premiers cries si fragiles, le prendre en charge comme se couche les insomnies sur la nuit. De ces rêves qui chaque jour le nourris, oublier que dès qu'il aura grandi je le verrai partir.

Sans rage au cœur, je le retrouverais dans la patiente et ses vérités ; méditer dans sa solitude les espoirs qu'il soit toujours envies ; puis me calquer de son éloquence son conseil à le chercher et le voir épanoui.

Car je suis, comme je serais toujours sa compagnie.

« le petit bonhomme »

DES REPONSES

Et si pour ce soir, je me prendrais un vers en ces lieux, face à cette guerre laisser aussi un pourboire à ceux restant en soif_ J'oublie parfois cette commande au temps qui filandre, sans faire d'histoire. Et si je m'arrêtais un moment, comme cet enfant devant sa glace ; remettre mes rêves en grand, leur montrait qu'il ferait classe_ avec un sourire, repeindre chez les gens leurs joies au pas de leurs godillions ; à mettre des mots intelligents dans le fond de leurs besaces et découvrir ce contentement, une expression sage et sans menace.

Comme redevenir une poésie heureuse.

Et si nous levions les yeux, un tant soit peu sur cette âme, montrer le possible des gens valeureux, et se rendre compte pour le mieux que nous sommes que partage_ Rien que ce soir, faisant voyage à travers les étoiles de ton regard, … comme tes envies … comme notre espoir.

« Et si ce soir »

Qui s'enfermera le premier dans ce jeu de l'égo, qui plus te construit s'expose d'un revers de main faisant tomber les échecs, les défauts. Ceux qui se sont construit dans cet air de quoi tu en pense, les briques portées sous la souffrance, fallait-il tout déconstruire comme pour retrouver Babel à ses déviances. Dans cette chambre sans assistance, je l'ai ramassé en morceaux, rassemblant mon courage éparpillé aux quatre coins d'un « je » de plateau. Et puis qu'elles sont ces maux, les signaux de ta présence qui me forment des cauchemars noircis de l'existence ; c'était un peu avant que je peigne des mots, avant remis aux couleurs de ta potence. Surgit le flow qui s'épouse jalouse de toi sur laquelle je me rappelle à l'espérance, sur deux ou trois portiques qui me balance un crachin de verbe afin de pouvoir laisser agir tes sens. Ta direction autrefois offusquée, maintenant fait école d'ordre et d'évidence, cet édifice sortit de terre, ressuscité, part la lumière qui folle, danse à chaque recoin de mon histoire et te dit : sourit à l'existence.

« De vaillance »

Je trouverais l'annonciation des rêves sublime, une foi libérer de l'attention qui nous divise.

J'engrène à la fois sur la pente douce ces mots qui maquillent de tes songes l'horizon nouveau.

J'inscris à la faveur de ces idéaux, des étapes de joie promises, à chaque pas ce pied qui se balade en musique revitalise.

Je devais écrire sur cette main mise, en décroisant les doigts je te sais que tu m'assiste… au fond, c'est moi ton étonnant chapeau, toi le passant qui remercie de me connaître soulevant ces bravos.

Je te le dis mon être, toi qui dédies et reformule cette lettre, à ta danse mon âme est en fête.

J'adresse à toi le réconfort et tu rapplique tellement honnête que ça me met du baume au cœur, à te parler de réussite.

« Mantra »

Sache écouter cette solution sans t'émousser _
As-tu déjà entendu ces récits filant à l'oreille
sans raturer tes désirs ainsi plonger.

La franchise de mes rimes t'est bouclée dans ce
rythme à ne jamais t'erroné. Si c'est rond, cette
légende vient t'étonner. Et fait l'envol de tous
ces sujets. Et te remise au verbe cette aventure
de héros… Le tout fait ton acceptation, dans le
faitout de ton cerveau, tu comprends que j'aime
les mots à mélanger de mon crayons la langue
envolée de tes sensations. Le temps que tu
réalises cette ascension ton attention en
pyramide m'est déjà bétonné sous la sueur de
ton front.

A te rendre compte que tu tenais plus en place,
comme à me dire que je m'emballe ; essors
d'un peu l'esprit à mes salades. Je parle de ton
sujet imprécis, de tout ce plat qui agis en
agissant comme ta parade, à clôturer la poigne
de deux mains sales.

« En si tourbillon »

Il est sauveur de rimer avec toi jusqu'à pas d'heure ; à proprement parler déjà qu'il se savent honneur ; clic de leur trophée, s'habille quelques saveurs.

A la bouche s'est décider ma langue qui n'en fait qu'à la tienne moussant la langueur.

Et là je cause comme je creuse ta cavité au seul bonheur. En entrelaçant cette dentelle qui s'effiloche, pourquoi pas te proposer de la faire rimer avec tes grosses …. Cloches.

Sa personnalité te ramène à souhait, à faire claquer toutes taloches.

Comme à un songe de ton troubadour, cette fée rimes à ton toujours, de ses belle paires…d'ailes en amour, tu rêves par son passage étroit et trop court, car c'est ainsi que tu finis dans ses atours.

« BonuX 2 »

J'ai tranché au-delà du fictif ses émotions à vif. Dans sa projection se situait mon nom et ces invectives bien singulière. Je me suis revitalisé à rendre justice par le oui d'une passion inouïe dans ses artères.

A l'idée de mes amours…. Derrière les toujours… ces temps payés au long court une fracture, alors le temps de battre force et patience c'est révélé à son tour.

Et de ton rythme tu réponds ce rouge et répand opiniâtre ton présent sur l'hier, le demain et aujourd'hui comme un hymne à part entière.

C'est comme impulsé un refrain pour déguerpir les soir d'hiver, j'effarouche ton caractère pour le seul salut de ton soutien et ta volonté de faire.

« Cœur en singularité »

Mon cœur vague l'âme et serre l'idylle

Notre regard insatiable

Nous unit, intime

Mon cœur s'installe

Sans arme je m'imagine

Dans une bulle fragile

Nos cœurs s'emballent

Vers où scintillent

Deux cœurs en flamme

Notre chemin culmine

Sous les étoiles

L'amour nous rime

Nos corps se réclament

Offrent les gestes sublimes

Et nos mains se joignent

« Idylle »

Petit bout de chou qui accueille et s'extériorise de tout ; apaisé, je te sens au fond de ma plus chère mémoire _ quelle signification t'a-t-on apporté pour te laisser seul dans le noir. J'ai été sidéré souvent par tes sourires qui m'ont appris les lumières les plus douces, folles et entrainées d'étoiles. Dans les yeux les reflets où partout se joue la jouissance de la vie … au-delà de tout … j'espère te protéger pour que tu ne puisses jamais être exaspéré et aigri.

Et sincèrement retrouver les conditions qui ont fait tienne la fierté. De tout bord je resterai à ton écoute, te rappelant l'élan de vie qui t'a créé.

J'ai ta naissance au bout de mes doigts, utile à tout ce que tu vois, tu décèleras en moi, ce tout significatif derrière ton regard éclairé de considération, petit bout de chou est amour et compassion. J'espère te voir certain face au problème, qui accuse la faim, en ne répondant pas à tes humbles prières ; de tous mes savoirs je t'apprendrai à être fier pour que tu te livres en confiance afin de déployer tes ailes.

Maintenant je vois déployer ton rire, le soleil. Dans la voix, j'arpente avec toi les plus beaux sentiers de la terre, et tu me donnes le courage de laisser tomber ma croix dans leurs jeux de guerre. Petit bout de chou, en ton innocence, je crois qu'il y a chez toi le plus beau des univers.

« Enfant en moi »

Dans un seau de quelques lignes, une chanson qui m'assigne, bouleversant le crayon mine. Je ne pensais pas qu'un jour ma rime dans mon quotidien prenne racines ; à l'ébullition du café et du pain blanc que je tartine. Un rien qui m'emmènerait tout en haut des cimes, de quelque chant j'imagine, en éruption au-dessus d'un volcan sublime. La brume en couteau soudain s'anime, des gouttes d'eau et d'encre s'empressent et s'illuminent ; le rythme tel un hymne ; Vin en bruine et s'assigne d'ivresse indélébile… son tanin soudain rafraichis ma guigne. Quelques inspirations fulminent d'émotions agiles à ma phrase qui se met à vivre dans un drôle de story telling. Au milieu d'un pique-nique de mots, un rien jubile comme les fées qui penche en mes phrases pour un quotidien nouveaux.

« Racontar »

Comment désarmer ma mémoire, pour la laisser couler tranquille au lit du savoir. A ce temps qui l'émoussait en ricochant les aurevoirs, je la dérange au point de l'éclabousser ; en pas de sa devise à devoir déborder. Pour un soir mon stylo course cette vérité, à l'heure où elle se gorge de pluie par ma vision troublée.

Comment advenir ces mots d'hier, sans couler dans l'amer ; pourtant je sais que creuse en son corps désir et dignité d'amour, souvenir déchainé à l'estuaire des toujours et bien unique comme se remémore un héros de son parcours.

J'y ai souvent noyer la mort pour que la vie reprenne son cours. Et aujourd'hui je la sens trop stagner au creux de mes détours.

Si elle est aussi fière, aussi légère que lourde, j'ai aussi charrié des joies dans ces atours ; alors pourquoi remettre en cause ton flow ce jour.

« Doutes »

Accent tu es, tonique tu le seras ; en verve toute ta clique, par tout

Attis tu resplendiras _ énonce du déclic, les mots qui taclent droit

But en bon ordre tu y arriveras

Première et sans suite, unique la respiration tu incarneras_ le souffle t'habite et le vol en hauteur t'effleure, dans une vision tu sauras ; des trésors sués de ton bic dans ta voix, tu prendras racine, traversant la plaque tectonique – du rythme jaillira- la sève et le pétale du jour qui sont à toi.

Le vent dans tes atours cyclone, fait silence paisible ; en ton centre ça te parle et ça t'écoute_ et le temps s'écoule aux vibrations de tes ondes hypersoniques.

La plus haute et la plus limpide rafraichit ton autre, qui du ciel fraternise dans les gouttes de tes paroles en devenant l'apôtre, telle est la devise qui coule de ta joie forte, ainsi soit la voix de tes notes.

« Telle est la devise »